Nos Gusta Amamantar

We Like To Nurse

Chia Martin

Con ilustraciones de
Shukyo Lin Rainey

para Baba / for Lee

ISBN: 978-1-890772-94-9
Library of Congress Cataloging-in-Publication Data:

Martin, Chia.
[We like to nurse. Spanish & English]
Nos gusta amamantar = We like to nurse / Chia Martin ; con ilustraciones de Shukyo Lin Mithuna. -- Bilingual ed.
      p. cm.
ISBN 978-1-890772-94-9 (trade paper : alk. paper)
1. Mammals--Behavior--Juvenile literature. 2. Parental behavior in animals--Juvenile literature. 3. Breastfeeding--Juvenile literature. I. Mithuna, Shukyo Lin. II. Title. III. Title: We like to nurse.
QL739.3.M3718 2009
649'.33--dc22
                         2009016103

HOHM PRESS
P.O. Box 2501 • Prescott, Arizona 86302
1-800-381-2700 • www.hohmpress.com

This book was printed in China.
Translation to Spanish by Jocelyn del Río

Nos Gusta Amamantar
We Like To Nurse

Chia Martin

Con ilustraciones de
Shukyo Lin Mithuna

Family Health Series

HOHM PRESS
Prescott, AZ

**Los monos bebés
se amamantan igual que
los bebés humanosó
en los brazos de mamá.**

*Baby monkeys
nurse just like
human babies —
in mommy's arms.*

**La elefante bebé se amamanta
por la boca mientras
abraza a mamá
con su trompa.**

*Baby elephant nurses
through her mouth
while her trunk
hugs mommy.*

**Las manchas de la mamá
y las de sus crías
se mezclan para protegerlos
mientras amamantan.**

*Mommy spots
and baby spots
blend together to
protect nursing leopards.*

**La mamá jirafa le da sombra
a su bebé mientras
lo amamanta
en las llanuras calurosas.**

*Momma giraffe
shelters her baby
on the hot plains
while they nurse.*

**El llama bebé amamanta
en la brisa fresca
de la montaña.**

*Baby llama nurses
in the cool
mountain breeze.*

**La mamá panda abraza
a su bebé y la amamanta
debajo del bambú.**

*Momma and baby panda
cuddle and nurse
under the bamboo.*

**La mamá cebra come
pasto mientras su bebé
se amamanta de pie.**

*A zebra mommy
munches grass
while her baby
nurses standing up.*

**La becerrita mama la leche
deliciosa de su madre.
Entre más toma,
más leche produce su mamá.**

*Baby calf drinks
delicious milk from her mommy.
The more she drinks,
the more mommy makes.*

**Los cerditos menean con
gusto las colas mientras
se pegan a mamá
para su almuerzo.**

*Piglets wag their
tails in delight as
they curl up to
mommy for lunch.*

**Los cachorros recién nacidos
empujan contra los pezones
de mamá para que
salga más leche.**

*Newborn puppies
push against
mommie's nipples
to help the milk come out.*

Los corderitos gemelos amamantan a cada lado de mamá.

Twin lambs nurse on either side of momma.

**Los gatitos ronronean
mientras su mamá
los amamanta.**

*Kittens purr
while they nurse
with momma cat.*

**Un potro recién nacido
amamanta con su mamá
a la puesta del sol.**

*A newborn colt
nurses with
mommy at sunset.*

Nos gusta amamantar.

We like to nurse.

OTHER TITLES OF INTEREST FROM HOHM PRESS

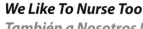

We Like To Nurse Too
También a Nosotros Nos Gusta Amamantar
by Mary Young
Design by Zachary Parker

This children's picture book focuses attention on our kinship with all mammals, using simple text and delightful full-color illustrations of animal mothers naturally feeding their babies. Children learn about the nursing habits of animals they love from all parts of the world— porpoises, dolphins, sea lions, orca whales and others. This book is the sequel to Hohm Press's highly successful *We Like to Nurse*.

Bi-Lingual ISBN: 978-1-890772-99-4, paper, 32 pages, $9.95; English ISBN: 978-1-890772-98-7, paper, 32 pages, $9.95

Breastfeeding: Your Priceless Gift to Your Baby and Yourself
Amamantar: El Regalo Más Preciado Para Tu Bebé Y Para Tí
by Regina Sara Ryan
and Deborah Auletta, BSN, IBCLC

These inspiring books plead the case for breastfeeding as the healthiest option for both baby and mom. Twenty compelling reasons why "breast is best" are each explained and documented, including recent data that breastmilk feeds the brain in a unique way. More than twenty tender photos demonstrate the beauty and power of the mother-infant bond that is established and strengthened through nursing.

Spanish ISBN: 978-1-890772-57-4, paper, 32 pages, $9,95
English "Easy-Reader" ISBN: 978-1-890772-59-8, paper, 32 pages, $9.95

ORDERS: *1-800-381-2700* • *www.hohmpress.com* • *Special discounts for bulk orders.*